Malen mit Edelsteinen Erdfarben

und den sieben Lebensprozessen

ein Abenteuer

Westrhauderfehn, Ostfriesland, 5.-6. Januar 2013

Impressum

Texte von Christiane Feuerstack
und Beate Hodapp
FotoJ: Christiane Feuerstack
Satz & Bildbearbeitung: fognin
Herstellung und Verlag: Books on Demand GmbH, Norderstedt
(c) 2013
ISBN: 9783735784063

Sieben Menschen haben sich hier in Ostfriesland versammelt, um sich gemeinsam mit Edelsteinen, Erdfarben und den sieben Lebensprozessen zu beschäftigen.

Drei von uns sind „alte Hasen", die schon zum siebten Mal in knapp drei Jahren dieses Abenteuer zusammen erleben wollen (Beate, Jutta und ich, Christiane), die vierte (Katrin, unsere diesmalige Gastgeberin) ist zum zweiten Mal dabei, die drei anderen sind mutige Anfänger (Ingrid, Susanne und Norbert).[1]

Der Malprozess in dieser kombinierten Form mit Erde und Edelsteinen ist von Beate entwickelt worden. Die sieben Lebensprozesse in der Malerei wurden von Marianne Altmaier für die Kunsttherapie mit etwas anderen Schwerpunkten ausgearbeitet. Als Beate mir vor gut drei Jahren davon erzählte, war ich so fasziniert, dass ich beschloss, an meinem fünfzigsten Geburtstag meinen Gästen und mir ein solches Malseminar zu schenken. Das war der Beginn einer langen Serie von atemberaubenden Erlebnissen und Entwicklungen an verschiedenen Orten Deutschlands, jeweils mit Erde und Wasser dieser Landschaften als Grundsubstanz, mit der wir uns durch Auflösung und neuer Formung verbanden und so für den jeweiligen Ort und uns selbst neue Qualitäten entdeckten und erschufen.

Das diesmalige Treffen ist von Überraschungen und spontanen Entscheidungen geprägt, die wiederum den Prozess in dieser einzigartigen Form prägen. Eine dieser spontanen Entscheidungen ist die Idee, das Seminar zu dokumentieren. Bedingt durch die Spontaneität dieses Entschlusses ist das einzige zur Verfügung stehende Werkzeug, mit dem ich jetzt hier sitze, ein Kugelschreiber und ein kleines Notizbüchlein. Diese Ausstattung wird durch zwei vorhandene Digitalkameras ergänzt, mit denen wir unser Bestes versuchen, trotz unzulänglicher Beleuchtung aussagekräftige Bilder aufzunehmen.

Wir beginnen mit gemeinsamem Tönen, um uns auf den Raum, aufeinander und auf unseren eigenen Prozess einzustimmen. Dann betrachten wir die mitgebrachten Edelsteine:

Der leuchtend grüne Dioptas steht für Fülle, für inneren Reichtum und den Mut, seine Träume zu verwirklichen, sodass äußerer Reichtum folgen kann.

Der weiße Labradorit, auch manchmal Mondstein genannt (nicht zu verwechseln mit dem echten Mondstein) hilft Illusionen zu erkennen. Er soll einen realistischen Blick fördern, ohne jedoch Intuition, Phantasie und Kreativität zu behindern.

---

1   Alle Namen außer denen von Beate und mir sind geändert worden, um die Privatsphäre der Betreffenden zu wahren.

Der rote Turmalin (Rubellit) soll helfen, die eigenen Ziele nachdrücklich zu verfolgen, sie jedoch bei Bedarf jederzeit korrigieren zu können. Jeder soll sich im eigenen Herzen gründen, sich an die eigene Mitte anschließen und auf die innere Führung vertrauen lernen, statt sich von außen führen zu lassen.

Wir tauschen uns zunächst darüber aus, von welchem Stein oder welchem Thema wir uns angesprochen fühlen.

Katrin erzählt ihren Traum von einem Führer, der verloren gegangen war: „Ich war mit vielen Menschen unterwegs, wir fuhren mit der Bahn in ein Gebirge, wo wir eigentlich einen Führer brauchten. Der Führer war plötzlich nicht mehr da, aber ich fand eine andere Bahn, in die ich einsteigen konnte. Mein Thema wäre also, den Führer in mir neu zu gestalten, die Energie aus dem Herzen als führende Kraft anzuerkennen."

Ingrid: „Ich hatte in letzter Zeit viel äußere Arbeit und wenig Zeit zum Meditieren. Jetzt kommt eine neue Zeit, ich habe den Wunsch, mehr innen zu arbeiten. Eigentlich möchte ich nichts bestimmtes, bin ganz ohne Erwartung."

Jutta: „Vor ein paar Tagen hatte ich einen TrauK: Ich war mit mehreren Leuten im Urlaub, die alle vorzeitig abreisten. Ein Weg führte über eine Brücke, darunter war unendlich tiefes Wasser. Da unten schienen die anderen zu sein. Ich fragte, ob sie da wieder hoch kommen oder ob ich runter kommen kann. Die Botschaft war: Trau dich zu springen! Geh alleine in diesen Bereich, der verheißungsvoll aussieht!"

Norbert: „Mir geht es darum, das Positive in mir zu stärken."

Susanne: „Mir begegneten in letzter Zeit Menschen, die ich aus sehr frühen Zeiten kenne, die sich aber schnell wieder verabschiedeten. Mein Thema ist: Mehr Achtsamkeit, Geduld, sehen was passiert."

Christiane: „Ich bin ganz leer, offen und erwartungslos. Ich freue mich!"

Wir einigen uns schließlich auf einen Stein, den roten Turmalin. Den Dioptas legen wir in das Wasser, mit dem wir die Farbe anrühren, um das Wasser zu energetisieren. Die anderen mitgebrachten Steine begleiten uns mit stiller Präsenz.

Verflüssigung des Edelsteines –
Vergeistigung seines Wesens

Beate: „Indem wir den Stein zertrümmern und zerreiben, lösen wir das Feste und verlüssigen es. Elementare Kräfte können so freigesetzt werden. In einer früheren Zeit der Erdentwicklung hat sich die feste Materie erst nach und nach ausgesondert. Mit dieser Arbeit gehen wir quasi zurück in eine andere Zeit, bringen Substanzprozesse durch uns hindurch in eine neue verwandelte Form. Dabei ist es möglich, ein eigenes Thema mit zu integrieren, zu verwandeln und zu lösen. Wir reiben das Steinpulver so lange, bis das, was in der Schale ist, unser Eigenes geworden ist. Dabei wird das geistige Wesen des Steins freigesetzt und geht in Resonanz mit unserem „inneren Turmlin". Danach kommt ein Bindemittel aus Ei und Leinölfirnis hinzu und schließlich das Wasser dieses Ortes. Diese besondere Flüssigkeit soll nun auf die Leinwand als Grundierung, als Gründung für das Erdbild aufgetragen werden."

Wir fangen an, die kleinen Turmalin-Kristalle mit dem Stößel im Mörser zu hämmern und zu feinem Pulver zu zerreiben. Der Raum klingt und schwingt. Der Energiepegel steigt spürbar an. Dann wird das Pulver mit Bindemittel und dem vorbereiteten Wasser angerührt.

Wir tauschen unsere Erlebnisse aus:

C: „Der Stein hat mir gezeigt, wo ich noch nicht bei mir, in meiner Mitte bin, denn ich konnte beobachten, dass ich teilweise mit meinen Gedanken woanders war als bei meiner Tätigkeit, sie eilten voraus zu meiner Aufgabe der Dokumentation, des Schreibens. Als das Bindemittel dazu kam und die Substanz verflüssigte, versuchte ich zu visualisieren, dass die Flüssigkeit in mein Herzchakra eindringt und sich in meinem Körper ausbreitet. Da gab es Widerstände wie alte Krusten, ein leiser Schmerz machte sich bemerkbar. Dann löste sich die Spannung und ich war ganz durchdrungen von der Energie der Substanz. Beim weiteren Verrühren mit Wasser tauchte eine Erinnerung auf: Vor einigen Jahren hatten sich in einem Meditationsbild große durchscheinende rote Turmalin-Kristalle gezeigt, die wie Wächtergestalten um mich herum standen. Sie waren menschengroß, wirkten lebendig und sprachen zu mir. Gleichzeitig wusste ich, dass es Kristall-Wesen sind, die mir etwas vermitteln wollten, was ich aber nicht verstand. Schon damals habe ich anschließend roten Turmalin verrieben, auch homöopathisch, aber irgendwie wie führte das nicht weiter. Vielleicht ist jetzt die Zeit reif, dass ich daran anknüpfen und mich dem Wesen des Turmalins eher öffnen kann."

J: „Es war eine Wohltat, den Stein zu zerschmettern, es ging leicht, war sehr befreiend."

B: „Es kam Rot als Kraft in der Erde, wie Ich-Substanz von unten her wirkend. Ich hatte das Gefühl, dass meine Grenzen und die Angst sich auflösen. Wenn diese Substanz da ist, braucht es keine künstlichen Grenzen. Diese Kraft kommt von unten nach oben."

I: „Für mich war es, als ob ich mich reibe an den Ereignissen der letzten Monate, der Verlust meiner Eltern war sehr hart, ich soll die Trauer zulassen. Die Traurigkeit ist anwesend."

K: „Der zerbrochene Stein verbindet sich nicht wirklich mit der Flüssigkeit. Einerseits fließt es durcheinander, solange ich reibe, aber wenn ich aufhöre, setzt es sich wieder ab. So ist das. In den letzten Monaten war es so in meinem Leben, dass sich immer wieder etwas gerieben und neugebildet hat. Der Erden-Abschied von meinem Mann, dieses sich absetzen und immer wieder neu verbinden, das ist ein immerwährender Prozess von Reibung, absetzen lassen, zulassen, ruhen, wieder reiben, immer wieder neu."

I: „Bei mir ist es genauso. Sich an dem reiben, was ist, sich ärgern, wütend sein, es zulassen, darin ruhen und dann fängt das Reiben wieder an."

Nun soll die Grundierung auf die Leinwand aufgetragen werden. Es stehen Leinwände unterschiedlicher Größe zur Verfügung. Ich denke an die Größe meiner Tasche und an die meiner Wohnung ---und wähle aus allen Möglichkeiten das kleinste Format aus. Mit dem Pinsel versuche ich, möglichst viel von dem rosafarbenen Steinmehl, was sich unten im Mörser abgesetzt hat, aufzunehmen und von außen nach innen aufzutragen, in einer zentrierenden und gleichzeitig ausstrahlenden Bewegung. Aus der Erfahrung früherer Seminare weiß ich, dass schon dieser Schritt sehr individuell das Grundmotiv zum Vorschein bringen kann, aber diesmal verhindert unser Bedürfnis nach Kaffeepause den Austausch darüber...

Kaffeepausen-Gespräch:

„Was ist Glück?"
„Wenn man kein Pech hat!"
„Nein, wenn man Pech hat und es trotzdem gut aushalten kann."
„Oder wenn man nicht merkt, dass man Pech hat!"

Nach der Pause holen wir Moor-Erde aus dem Garten und sandigere Erde von der gegenüber liegenden Straßenseite. Diese Erde wird nun ebenfalls im Mörser zerrieben und mit Bindemittel angerührt. Dunkles Schwarz und ein etwas hellerer Ton stehen uns so als Farben für den ersten Schritt des Prozesses zur Verfügung.
Als Bindemittel dienen Eier, idealerweise mit Leinölfirnis verrührt. Diesmal begnügen wir uns mit den Eiern, da niemand daran gedacht hat, Leinölfirnis mitzubringen...

Atmung

Beate: „Der erste Lebensprozess ist das Atmen. Geboren werden ist Einatmen, Sterben ist Ausatmen, das vollzieht sich in jedem Moment, jeden Tag. Wir leben, indem wir die Außenwelt einatmen und die Innenwelt nach außen abgeben, loslassen. Beim Malen versuchen wir, mit der einen Erdfarbe den Raum sichtbar zu machen, in den etwas einströmt, und mit der anderen Farbe stellen wir das Ausströmende dar. Dieser erste Schritt kann sichtbar machen, wie man auf der Erde angekommen ist, er kann Veranlagungen aufzeigen, wie man der Materie begegnet, was man vorgefunden hat bei der Geburt. Versucht die Räume sichtbar zu machen, nicht nur eine Linie zu zeichnen."

Zu meinem eigenen Erstaunen trage ich die Farbe in senkrechten Strichen auf, die sich locker über das Bild verteilen, im Gegensatz zu der vorigen radialen Bewegung bei der Grundierung. Ich benutze nur eine Farbe, unterscheide auch nicht explizit zwischen einatmender und ausatmender Geste. Das Atmende erlebe ich zwischen den einzelnen Strichen, der Atem strömt frei hindurch zwischen oben und unten. Dann erwacht das Bdürfnis nach einemZentrum, nach Innenraum. Ich ziehe zarte kreisförmige Linien um die Mitte herum, kaum sichtbar, aber für mich spürbar als Schutzraum. Die senkrechten Linien repräsentieren die um mich herum stehenden Turmalin-Kristalle aus meinem Meditationsbild. Nach einer Weile spüre ich den Impuls, nun doch noch radiale Strahlen über die senkrechten Linien zu ziehen, mit wenig Farbe, fast nur Wasser. Daraus entsteht eine kreisförmige Bewegung um das Zentrum herum, ganz zart, kaum sichtbar. In mir öffnet sich ein Raum, der leer und zugleich erfüllt ist von lebendiger Präsenz.

Nachdem alle mit diesem ersten Schritt fertig sind, betrachten wir gemeinsam die entstandenen Bilder. Jeder darf etwas zu dem ausgewählten Bild erzählen, die Qualitäten beschreiben, die man erlebt. Der Maler selbst sollte erst zum Schluß an die Reihe kommen; dadurch bleiben alle unvoreingenommen und spontan in ihren Äußerungen.

Zu diesen Bildbetrachtungen möchte ich mir hier eine Vorbemerkung erlauben. Diese assoziativen Bemerkungen mögen zunächst wenig aussagekräftig oder weiterführend zu sein. Es kommt ihnen aber eine wichtige Bedeutung im Prozess zu. Durch die wahrnehmende und akzeptierende Bestätigung dessen, was ist, können sich vorhandene Entwicklungsmöglichkeiten ganz im Stillen entfalten, ohne dass von außen eingegriffen wird. Darum habe ich mit nur wenigen Kürzungen alle Bemerkungen so festgehalten, wie sie spontan geäußert wurden.

Juttas Bild:

B: „ Die zwei Ströme sind nicht so deutlich, aber man sieht, wie einmal das Dunkle das Helle erschafft und das andere Mal das Dunkle in den Vordergrund tritt vor der Helligkeit. Es wirkt wie die Suche nach einem Zentrum. In der Qualität ist es aus- geglichen."

I: „Unten und oben sind im Gleich- gewicht. Man sieht die Anbindung nach unten."

K: „Mir fällt das Wort neutral ein."

J: „Der dunkle Balken in der Mitte trennt es in zwei Hälften, die rechte größer als die linke."

J: „Das eine ist im anderen ent- halten, da ist ganz viel Zartes. Es atmet mich."

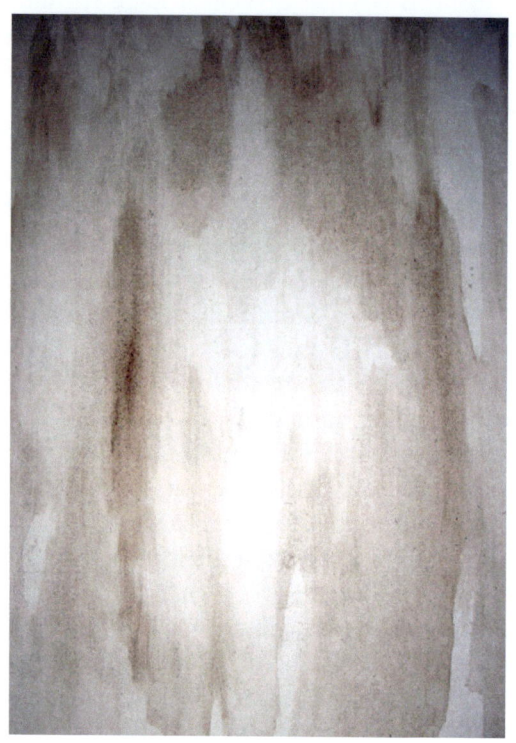

Katrins Bild:

J: „Elementare Power! Unglaubliche Wucht!"

I: „Es ruht auf den unteren fünf Zentimetern."

J: „Die Spirale hat einen Sog und einen Mittelpunkt."

B: „Ich erlebe einen ganz starken Sog zu dieser Spirale hin, ich bin da ganz drinnen. Vom Strom her will alles da rein, wird rein gesogen. Wenn ich mich ganz reinlassen kann und das zulasse, dann komme ich da auch wieder raus. Ich kann nicht wählen, ob ich will oder nicht."

I: „Für mich geht es da raus. Freiheit! Egal wohin!"

J: „Ein Energiewirbel, der sich zusammenballt und wieder lichtet."

I: „Es hat etwas weiblich-rundes überall, rechts am Rand eher eine männliche Energie, vertikal, darin horizontale Striche."

J: „Ein Strich durch das Runde wirkt wie eine Hürde, ein Anstoßen. Oben ist es wie ausgefranst, das schmerzt auch ein Stück weit. Das Untere ist wie eine Kugel, die schön eingebettet in etwas Warmes und Weiches ruht. Das strahlt Geborgenheit aus. In der Mitte dieser Kugel entwickelt sich ein Gesicht, gleichzeitig jung und uralt."

K: „Es war ein Abenteuer mit der Erde aus meinem Garten. Es war wirklich wie ein Sog, diese Spirale da hin zu malen. Oben ist es offen, gar nichts ist entschieden. So geht es mir im Moment. Es könnte ganz da unten rein gehen oder etwas ganz Neues kommen. Dann kam das Gefühl: es muss geradeaus gehen (dieser Strich hier), das kommt aus der Erde. Die Stufen dort an der Seite waren mir wichtig. Das war ein interessanter innerer Prozess."

B: „Es hat zwei Perspektiven: drinnen stehen und von weitem drauf schauen."

K: „Es hat etwas Distanziertes, aber das ist ein gutes Gefühl für mich. Ich bin nah an Tränen, aber das sind keine Tränen, die schwer sind."

N: „Ein Ball als Spiel des Lebens ..."

Christianes Bild:

B: „Das hat ein Oben-Unten und ein Innen-Außen als Strudel. Ich blicke von Weitem auf diesen Strudel, da wächst etwas heraus, aber es geht auch etwas hinein. Innen ist es ganz fein, außen sind starke Kontraste, das ist eher etwas Trockenes. Wie ist die Beziehung der beiden Ströme?"

J: „Die ist auch gegensätzlich, senkrecht und rund."

N: „Aber das Senkrechte ist sehr durchlässig."

K: „In der Mitte sehe ich ein Quadrat, einen hellen eckigen Fleck. Wächter stehen drumherum, die gucken, was da eigentlich entstehen will. Abwartend. Staunend."

J: „Verheißungsvoll."

Ingrids Bild:

J: „Ganz schön kontrastreich!"

B: „Viele Päckchen, kleine Einheiten, die gesammelt sind, wo ab und zu das Weiße durchblitzt und die Frage entsteht, was dahinter ist. Diese Päckchen teilen den Raum, rechts und links gibt es verschiedene Gestalten und Qualitäten. Da ist ganz viel los!"

J: „Materie, die sich zusammenfügt und auseinandergeht, Ein- und Ausatmen, der Hintergrund in hellem Licht. Materie-Bausteine."

K: „ Viel Raum zwischen den Bausteinen."

J: „Es sieht so aus, als ob es jederzeit umgebaut werden könnte, wie ein Spiel. - Die Bausteine sind schon miteinander verbunden, aber nicht unumstößlich."

N: „Wenn man es umdrehen würde, würde es fester stehen." (Wir probieren es aus) „Nein, jetzt wird es noch leichter. Jetzt stehen die Bausteine im Wasser." (Wir drehen es noch einmal) „Jetzt steht es im Schnee."

B: „Mein Atem fließt in der Mitte durch, aber da ist etwas, was sich dagegen stemmt. Es ist wie ein kurzes Atmen und dann wieder den Atem anhalten."

I: „Das Dunkle ist für mich das fruchtbare Einatmen. Bausteine sind meins. Die helleren Partien stellen das Ausatmen dar, das Abgeben, was auch das Einatmen stützt und hält. Je nachdem, was ich von dem Einatmen gebrauchen durfte, kann ich mehr oder weniger auch ausatmen und von der Fruchtbarkeit etwas abgeben. In mir ist große Dankbarkeit, dass ich einatmen darf und das Eingeatmente nutzen kann."

Susannes Bild:

I: „Das hat eine starke Kraft von unten." J: „Durch das Links und Rechts daneben bekommt es etwas Leichtes." B: „Ich nehme eine starke Polarität zwischen oben und unten wahr und zwischen links und rechts. Unten ist es sehr mächtig..." J: „...und oben hört die Dualität auf."

K: „Da schwebt etwas drüber, was mit den Dualitäten spielt." I: „Tag und Nacht..." J: „...Yin und Yang..."

B: „Es sieht wie ein Baum aus, von unten her kommt eine starke Kraft, aber nach oben hin ist kein Platz mehr, wohin sich der Baum entfalten könnte." I: „Wie ein Vulkan, aber nicht so bedrohlich, weil es da oben so engelhaft gehalten wird." K: „Es wirkt aber auch einschränkend. Es bräuchte Mut, diese Kräfte von unten zu benutzen und Grenzen zu überschreiten." N: „Durch diese Kräfte könnte das Runde neu geboren werden."

I: „Wenn das alles raus geblubbert ist, werden diese Kräfte ganz groß. Die wachsen immer mehr."

B: „Es herrscht viel Dynamik, Bewegung, rechts sind die kleinen Kugeln vollendet, links im Aufbruch. Geboren werden und Sterben."

J: „Ihr habt ja schon ganz viel herausgefunden. Ich hatte mir einen Energiestrom wie einen Vulkan gedacht als Einatmen, und die Erde nimmt das auf im Ausatmen. Yin und Yang spielt für mich eine große Rolle. Alles vereint sich oben im All. So geht es allen Lebewesen, den Pflanzen, die sich da an der Seite schon bemerkbar machen. Die Erde nimmt alles Verbrauchte auf."

Beates Bild:

J: „Es strömt ein und aus, ist im Fluss, im Strom, sehr ausgeglichen, klar in der Unterscheidung, aber weich, nicht aufeinander prallend."

C: „Es wirkt wie Geborgenheit bei gleichzeitiger Freiheit, Schutz ohne Einengung oder Begrenzung."

K: „Immerwährende Bewegung."

J: „Atmendes Leben, Involution - Evolution. Grenzenlose Lebenswirbel."

I: „Alles ist in Einem."

Norberts Bild:

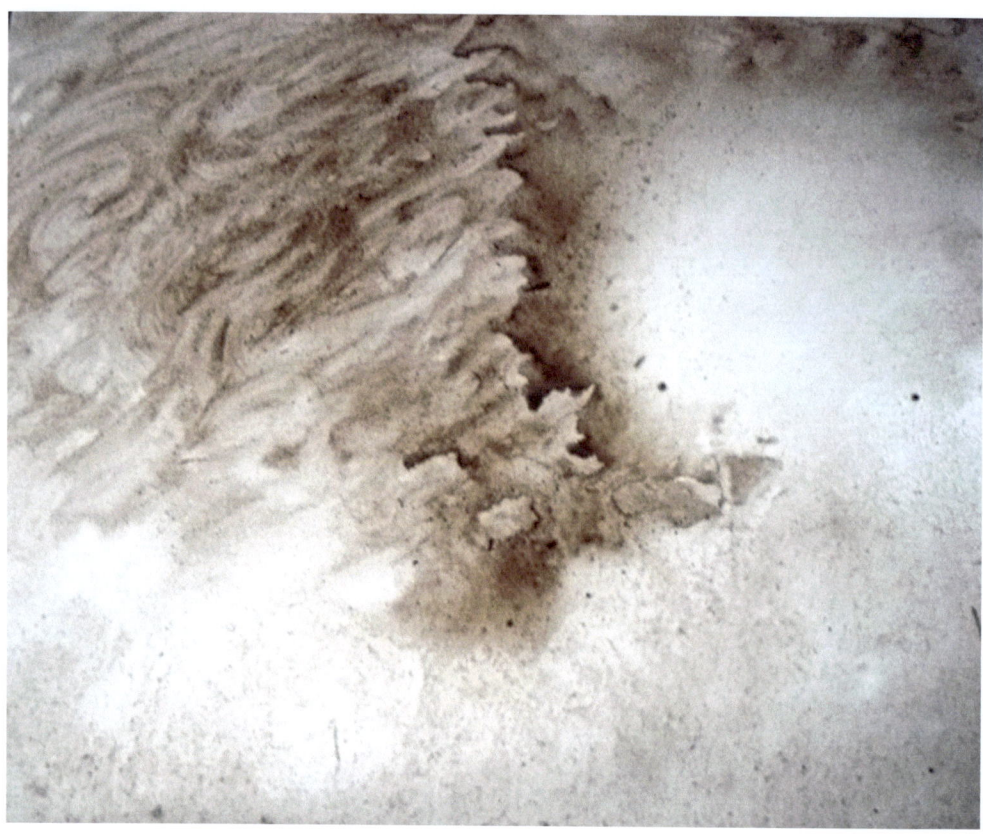

I: „Da gibt es viel Licht und viel Tiefe."

J: „Ich finde es wohltuend, dass es so frei und offen ist, es gibt ein klares Rechts und Links."

B: „Links ist es sehr bewegt, da sind Turbulenzen und rechts herrscht Ruhe. Eigentlich sind es drei Bereiche: rechts, links und unten, unten köchelt es ein bisschen, es verbindet die beiden Bereiche, da wird ein neuer Raum geboren."

N: „Dieses Rechte erscheint mir wie ein Lebensenergie-Ball, links greift es fast nach den Sternen, alles strebt, will aus dem Schatten ins Licht, unten ist das All an sich, in dem alles eher unsichtbar existiert."

K: „Das Dunkle wird von der Helligkeit gehalten."

N: „Ich sehe in dem Dunklen lauter Schlangenköpfe, sehr ausdrucksvoll, begeisternd, es hat Tiefe."

I: „Links unten ist es ruhig, daraus steigt ganz viel wilde Kraft nach oben. Aus der Ruhe kommt die Kraft, die das Helle füllen möchte. Wenn man das Dunkle zuhalten würde, würde nichts mehr übrig bleiben. Ohne das dunkle Gewürm wäre nichts mehr da.“

I: „Interessant! Was ihr als Gewürm bezeichnet, empfinde ich als Kraft.“

K: „Das Dunkle ist ja die Kraft, die wir brauchen, um überhaupt ins Leben, in Entwicklung zu kommen. Wir brauchen das Dunkle zum Leben...“

I: „...und dadurch kann das Helle als Licht erscheinen. Ohne das kraftvolle Einatmen kann das Ausatmen gar nicht existieren.“

K: „Wenn wir einatmen, belebt das die emotionalen Welten in uns. Die sind ja nicht immer nur hell.“

N: „Ich sehe das ganz anders: In der Mitte ist der Schnittpunkt der Spirale. Das Helle ist das Einatmen des Schöpfers, das Dunkle das Potenzial, was uns auf der Erde zur Verfügung steht. In dem Dunklen ist ein Gesicht, das meine eigene Schöpferkraft repräsentiert.“

An dieser Stelle entsteht das Bedürfnis nach Bewegung. Das folgende Gedicht von Goethe passt zum Thema Atmung. Wir bewegen uns darauf mit ein- und ausatmenden Gebärden.

Im Atemholen sind zweierlei Gnaden:
die Luft einziehen, sich ihrer entladen.
Jenes bedrängt, dieses erfrischt,
so wunderbar ist das Leben gemischt.
Du danke Gott, wenn er dich presst,
und dank ihm, wenn er dich wieder entläßt.

Erwärmung

Beate: „Der zweite Lebensprozess ist die Erwärmung. Wärme bildet die Brücke zwischen Geist und Materie, die Verbindung zum Leben. Alles was bis jetzt gemalt wurde, kann bleiben. Nun soll es sich durchdringen mit der Eigenwärme, mit Interesse und Liebe, die etwas verwandeln und miteinander verknüpfen kann. Wärme schafft Verbindlichkeit. Es geht um das Durchdringen von jeder einzelnen Facette im Bild; es liebevoll annehmen, Übergänge schaffen, Farbigkeit und Verbindungen reinbringen, entweder mit derselben Farbe oder mit anderer Erde."

Ich wähle die rote argentinische Erde und trage sie über und zwischen den dunklen Streifen auf. Dabei sage ich mir innerlich immer wieder den Satz: „Ja, ihr seid da! Ja, ihr seid da!" (Ich meine damit die Turmalin-Kristalle als Wächtergestalten, die mich beschützen) Das wiederhole ich wie ein Mantra, um mich selber an diesen immerwährenden Schutz zu erinnern. Es liegt an mir, wenn ich mich verschlossen, abgekapselt und getrennt habe und mich dadurch verlassen und einsam fühle. Ich will diesen Gestalten etwas entgegenbringen, mich öffnen und trage vom Zentrum ausstrahlend die rote Farbe auf, bis sie sich mit den äußeren Strichen berührt und mischt. Es kommt Freude auf. Schwungvolle rote Linien tanzen zwischen den schwarzen Senkrechten wie lodernde Flammen. Mit einem feineren Pinsel konturiere ich die Flämmchen nach und nach. Bei jeder Begegnung mit einer vorhandenen Kontur kommt ein Gefühl von Zärtlichkeit und freudiger Berührung auf.

Nach einer Pause betrachten wir die entstandenen Bilder.

B: „Für mich ist es deutlich, dass jedes Bild eine Antwort ist auf die Frage: Wie mache ich das normalerweise mit der Atmung oder der Wärme? Da zeigen sich tief sitzende Veranlagungen. Für mich ist es aber auch wichtig, auf unsere gemeinsame Fragestellung zu schauen. Wir hatten doch die Frage nach der inneren Führung. Ich hatte in einem Traum ein Verlusterlebnis, wo alles drunter und drüber ging, wo ich mich selbst nicht mehr finden konnte. Gedanken, Gefühle, Zwänge usw., das sind doch alles Qualitäten, wo ich mich selber führen muss. Das, was ist, soll eine Gründung im Herzen erfahren. Es geht mir auch immer darum, zu schauen, was der jeweilige Ort braucht, an dem eine solche Arbeit geschieht, und dass wir eine gemeinsame Fragestellung bearbeiten, die über die persönlichen Themen hinausgeht."

K: „Für mich ist es so, dass ich das als eine Arbeit für diese Zeit an sich empfinde."

I: „Wir haben doch anfangs alle gesagt: Das geht mir genauso oder ähnlich mit bestimmten Lebensthemen. Das hat doch nichts mit dem Ort hier zu tun."

J: „Ich habe das auch nicht so verstanden, dass die Fragestellung auf den Ort bezogen ist. In diesem Bild ist es so, als würde die Energie spitz nach oben weglaufen. Vielleicht hat das etwas mit dem Ort zu tun. Die Verankerung tief in die Erde hinein herzustellen ist aber für jeden Ort gut."

K: „Das ist das Bild, das ich immer innerlich herstelle, wenn wir hier im Raum arbeiten."

J: „Dann war es wahrscheinlich das, was ich so wahrgenommen habe."

K: „Ich hatte eine solche Freude beim Malen mit der schwarzen und der roten Erde und wie sich die beiden Farben verwoben haben! Das mit dem gemeinsamen Thema oder dem Ort hatte ich gar nicht im Bewusstsein."

B: „Wir müssen nichts. Aber die Bilder können deutlicher antworten, wenn man eine deutliche Frage stellt. Jeder hat seine eigenen Themen, aber es gibt vielleicht doch auch ein gemeinsames Thema."

N: „Vielleicht geht es nicht nur um eine Frage."

J: „Meine Frage ist, was das Neue ist, was dieser Zeitzyklus mit sich bringt. Das hat mit Herzqualität und Verantwortung für das Ganze zu tun."

K: „Für mich hat es mit Mut zu tun, das Denken zu durchbrechen und den Pinsel malen zu lassen, völlig emotional. Ich habe einmal einen alten Indianer gesehen, der zwar noch sein altes Gewand trug, aber eine neue Energie ausstrahlte, als würde vom Stirnchakra eine neue Kraft ausgehen."

B: „Für mich ist neu, dass ich nicht mehr in die alten Schmerzen reingehen muss, aber doch diese früheren Seelenqualitäten auf einer neuen Ebene gebrauchen kann, um weiter zu gehen. Ich brauche mich voll und ganz in allen Facetten. Wir können jetzt auch in den Bildern die verschiedenen Qualitäten von Wärme aufsuchen."

Juttas Bild:

J: „In meinem Bild ging es darum, in die Tiefe zu gehen. Die Wärme ist, so wie vorher der Atem, das Ganze durchdringend."

B: „Ich sehe eine subtile, leicht durchdringende Wärme, gleichmäßig, weder lodernd noch brütend noch köchelnd."

J: „Es gibt aber noch hellere und dunklere Stellen, alte Dinge, die noch vorhanden sind. Bezogen auf die Fragestellung für den Ort: Das Neue ist nicht, dass die Welt untergeht, sondern dass sich allmählich und sachte etwas verändert an unseren Umgangsformen im Alltag. Etwas durchdringen, durchleuchten. Jetzt habe ich vorgegriffen auf mein Bild..."

Norberts Bild: (es hat sich ganz stark verändert)

N: „Es war sehr schwer, sich von dem Alten zu lösen und etwas Neues entstehen zu lassen. Da ist wieder die Schnittstelle von Ein- und Ausatmen, wo das Sein sich vermischt mit der Materie und das durch den Wirbel in alle Richtungen getragen wird."

J: „Ich finde, es hat eine ungeheure Dynamik und Ordnung bekommen. Die Wärme durchwirkt das Ganze."

B: „Wo erlebt ihr es am wärmsten?"

J: „Links in der Mitte am Rand..."

B: „...da versprüht es sich, verstrahlt sich."

Christianes Bild:

B: „Nach oben hin wird es kühler. Unten links erlebe ich viel Wärme. Von der Mitte und oben strahlt mehr das Licht aus."

J: „Es ist erstaunlich, dass aus diesem mittleren Kreis diese Wärme rauskommt, das ist so ein weißes Licht. Wenn ich es von außen nach innen betrachte, fließt da die Wärme rein. Das Weiße in der Mitte korrespondiert mit dem Licht von oben. Es gibt eine neue Richtung: vorher gab es dieses Runde und Senkrechte, jetzt ist noch das Strahlenförmige hinzugekommen."

Katrins Bild: (auch dieses hat sich total verändert)

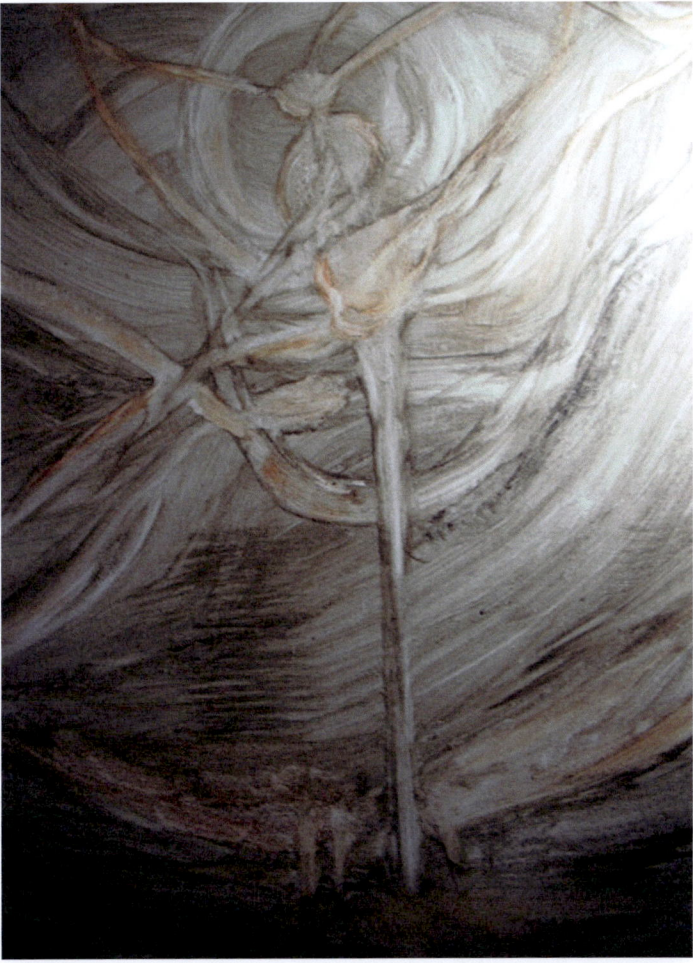

N: „Wie Nervenzellen, die andocken..."

B: „Wärme fließt zwischendurch, es entstehen neue Bahnen, indem sich etwas nach außen schiebt. Durch die Konturen dichtet sich aber auch etwas ab, es entstehen Trennungen, Abgrenzungen."

K: „Auch Abgrenzungen vom Alten. Das Neue will kommen. Um nicht in das Alte zu versinken, muss ich mich immer wieder neu aufrichten und täglich neue Entscheidungen treffen. Was ist die Instanz, die mich führt? Während ich das Bild male, habe ich das Gefühl, von dieser Instanz geführt zu sein."

I: „Neue Bahnen führen durch das sumpfige Moor, darin brauchen wir feste begehbare Wege."

K: „Einerseits Vernetzung, andererseits Trennung."

B: „Ich erlebe starke Formung und Gestaltung und frage nach der Wärme. Es ist viel Kraft und Vehemenz da, die Wärme ist schon in festen Bahnen. Da unten erlebe ich noch am ehesten Wärme."

J: „Ich erlebe sie auch da in diesen festen Bahnen, da ist sie noch dabei sich auszubreiten."

Susannes Bild: (Susanne kann an diesem Nachmittag nicht dabei sein, sodass wir das Bild in ihrer Abwesenheit betrachten)

J: „Der Vulkan im Inneren brodelt. Oben kommt eine sanfte Wolke zum Tragen."

N: „Da fließt auch Lava."

J: „Ganz schön viel Wärme!"

I: „Auf jeden Fall ist es an den verschiedenen Stellen unterschiedlich heiß."

B: „Ja, ganz differenziert, kaum ineinander geflossen..."

J: „Susanne wollte gar nicht mehr daran weiter malen, sie fand es so schön genug. Oben in der Ecke ist viel Neues dazugekommen."

Ingrids Bild:

B: „Die unterschiedlichen Teile haben sich schön integriert, das Schwarz hat sich verdichtet."

J: „...und das Weiß springt hervor."

K: „...und hier ist eine kleine Explosion!"

B: „Rechts drückt was dagegen."

J: „Die Formen sind weich."

B: „Was ist es für eine Wärme?

J: „Eine weiche Wärme."

K: „Für mich ist es eine zurückgehaltene Wärme."

I: „Für mich ist es eine Wärme, die das Einatmen nicht behindern, sondern unterstützen will. Ich habe mich absichtlich auf die Erde von hier beschränkt und kein Rot dazugenommen."

B: „Es gibt da verschiedene Qualitäten: in der Mitte ist ein kristallin-kühles Element, da oben sprühende Wärme, rechts etwas weiches, ganz differenziert."

I: „Rechts ist etwas, das eingesogen wird, links etwas, was als Wärme mit Kraft wieder abgegeben werden kann."

Beates Bild:

J: „Es ist ganz warm durchwirkt, in der Mitte sehe ich einen Apfel mit Stiel."

I: „...ein Embryo..."

K: „...ja, da liegt jemand eingebettet, schön warm."

I: „Alles ist gut,...aber es ist auch unterschiedlich, da unten ist es ein bisschen kühler."

B: „Mir hat es einfach Freude gemacht, das alles zu durchtränken und miteinander zu verbinden, ohne irgendeinen Anspruch."

B: „Ist nun durch das Betrachten der Bilder unsere Fragestellung klarer geworden?"

C: „Brauchen wir überhaupt eine Fragestellung?"

B: „Es muss nicht sein, aber wenn wir einfach nur Spaß haben wollen, dann brauchen wir uns nicht an diese strengen Prozesse zu halten."

J: „Würden wir uns eine Chance vergeben, wenn wir einfach drauflos malen?"

K: „Ja!!"

I: „Für mich war es spannend, mich mit dem Ein-und Ausatmen zu beschäftigen und auch mit der Wärme. Damit bin ich tief beschäftigt. Wenn ich das noch an eine zusätzliche Fragestellung koppeln soll, wäre es mir zuviel."

S: „Man kann mit Hilfe dieser Prozesse ein übergeordnetes Thema bearbeiten, aber die Prozesse selber können doch auch das Thema sein, oder?"

K: „Irgendetwas irritiert mich."

J: „Ich kann es nachvollziehen. Es geht um etwas, wo du, Beate, von uns Unterstützung brauchst, um dein Anliegen klarer erkennen zu können."

B: „Für mich war es nicht so klar, dass wir diese sieben Lebensprozesse machen müssen, sondern dass wir mithilfe dieser Prozesse etwas Gemeinsames schaffen. Jeder soll mitwirken, dass etwas Gemeinsames entstehen kann."

K: „Ich verstehe hier gar nichts! Jetzt ist eine Energie hier reingekommen, die irritiert. Fühlst du dich jetzt in dieser Rolle als Leiterin, die du eigentlich nicht haben wolltest?"

B: „Das war für mich nicht unbedingt deutlich, dass ich deswegen hierhergekommen bin, um euch diese sieben Lebensprozesse beizubringen."

(An dieser Stelle kann ich als Protokollantin nicht umhin, einige Erklärungen einzufügen. Tatsächlich war es für Beate und mich eine unerwartete Situation, erst nach unserer Ankunft vor Ort zu erfahren, dass Katrin noch drei weitere Teilnehmer eingeladen hatte, wohl in der Meinung, dass Beate ein Seminar anbieten würde. Das war aber von unserer Seite aus gar nicht so geplant, sondern als eine Art gegenseitiger Fortbildung innerhalb unserer kleinen Gruppe, wo es nicht eine Leiterin gibt, sondern eine gemeinsame Suche nach neuen Formen. Dieser Vorgang scheint mir ein ganz alltäglich-menschliches Phänomen zu sein: Unklare Absprachen, für die niemand etwas kann, weil ja niemand auf die Idee kommt, dass die anderen etwas anderes denken könnten. Dass an dieser Stelle die so entstandene Irritation zum Vorschein kommt, ist nicht verwunderlich. Es passt zum Thema Wärme: Reibung erzeugt Hitze. Oder umgekehrt? Die Wärme bringt etwas zum Brodeln...)

I: „Wir haben doch mit diesen sieben Lebensprozessen angefangen, das ist doch von dir gekommen!"

J: „...und ich habe Beate darum gebeten."

I: „...und ich bin dankbar dafür, denn so etwas kannte ich noch nicht."

K: „Jetzt verstehe ich deine Frage besser."

B: „Ich dachte, dass wir gemeinsam an einer Frage arbeiten mithilfe der sieben Prozesse."

N: „Du gibst uns doch nur kund, was diese sieben Lebensprozesse sind, und dann bist du frei und jeder hat seine eigene Verantwortung."

I: „Du bist ja nicht die Lehrerin."

K: „Es ist auf jeden Fall mehr, als dass wir nur ein Bild malen, das ist doch schon dieses Übergeordnete. Danke für diesen Weg! Das ist sehr hilfreich!"

J: „Indem wir gemeinsam malen, erzeugen wir eine Schwingung, die eine gewisse Sprengkraft hat, die diese lastende Schicht, die wie eine Decke über Rhauderfehn hängt, sprengen kann, aber sanft, sonst fliegen uns die Brocken um die Ohren. Wenn wir sanft da durchgehen, uns auf der Herzebene verbinden und uns nach oben anknüpfen, kommt eine Kraft zu uns in das Solarplexuschakra, die hilft, unsere eigene Macht zu stärken, ganz in dieser Macht zu sein. Wenn uns das gelingt, sind wir für uns selbst und für unsere Umgebung eine Kraft, die das Sein stückchenweise anhebt. Das Sein ist alleJ: Naturwesen, der Ort, die Erde usw. Wichtig ist, dass wir uns nicht länger trennen von allem was ist. Über das Tun schließen wir uns auf einer geistigen Ebene zusammen. Das sollten wir bewusster machen, gemeinsam kreieren. Was uns verunsichert als Gruppe ist die Tatsache, dass wir Ähnliches schon einmal erlebt und dabei kläglich versagt haben."

Nun wird vieles klarer. Es geht mehr um das gemeinsame Tun als um eine fest definierte Fragestellung. Die Irritation verschwindet und wir gehen gestärkt auf die nächsten Schritte zu.

Ernährung

Beate: „Die Ernährung hat mit dem Atem gemeinsam, dass wir die Welt in uns aufnehmen müssen, um sie zu Eigenem zu gestalten. Die Nahrung müssen wir zerkleinern, zerstören, kochen und verdauen. Die Kraft, die wir dazu aufwenden, um alles kaputt zu machen, dient unserer Ernährung. Jeder baut sein ureigenes Eiweiß auf, kein menschliches Eiweiß gleicht dem anderen. Dies ist ein geheimnisvoller Prozess der Wandlung, bei dem es um Widerstand und Abwehr geht. Lebendiges der Außenwelt muss völlig zerstört werden. Malerisch könnte das heißen, dass eine zergliedernde, aber auch ordnende, differenzierende Kraft im Bild angewendet werden kann."

Zwischenübung: „Das können wir jetzt zusammen demonstrieren: Ich versuche mit einer Kreide eine Linie zu zeichnen und Jutta versucht das zu verhindern. Es geht darum, die Kräfteverhältnisse zu spüren, wie es ist, wenn ich im Fluss bin mit dem, was ich vorhabe, und wie es mir geht, wenn das verhindert wird? Was spüre ich? Wut? Resignation?"

Wir probieren es jeweils zu zweit.

B: „ Was gewinnen wir vom Widerstand?"

J: „Kraft. Anerkennen, dass es Situationen gibt, wo ich mit meinem Willen nicht weiterkomme. Wo es klug ist, nachzugeben."

I: „Es geht ums Annehmen."

N: „Es gibt auch Überraschungseffekte."

J: „...da schießt du übers Ziel hinaus."

I: „Solange ich den Widerstand als positive Herausforderung annehme, stärkt es meine Motivation. Wenn der Widerstand zu stark wird, tut es weh."

B: „Durch ein bisschen Widerstand spüre ich mich erst selber. Da fühle ich mich, die Schwerkraft, die eigene Kraft. Dann kommt eine Grenze, wo Wut oder Ärger entsteht, wo ich Gewalt anwenden will oder mich zurückziehe und resigniere. Wie kann ich Inhalte verdauen und mir zu eigen machen? Kann ich einfach die dicken Brocken stehen lassen, von Unverdaulichem Abstand nehmen? "

K: „Was ich mir nicht zu eigen machen kann, ist nicht hilfreich, das unterstützt nur meinen Nicht-Wert."

B: „Bei der Ernährung geht es um die Frage: Wie löse ich die Außenwelt, die in mich eindringt, auf? Was unbekömmlich ist, wirkt vergiftend, zerstörerisch. Beim Malen kommen jetzt Qualitäten von dieser Kraft ins Bild, die das Ganze gliedert. Was möchte ich behalten, verstärken, anders gliedern, was weglassen, welche neuen Zusammenhänge schaffen? Man kann das aus einem übergeordneten Gesichtspunkt heraus angehen oder einfach ein irgendeiner Stelle anfangen. Dieser Schritt führt dann zum Eigenen hin, zum Motiv, zur Sonderung."

Nun geht es wieder ans Werk. Während alle anderen malen, stehe ich unschlüssig vor meinem Bild. Eigentlich will ich nichts verändern oder gliedern oder verdauen. Ich bemerke, dass ich erschöpft bin, dass ich mich durch das Protokollieren total verausgabt habe. War mein Thema nicht eigentlich, bei mir zu bleiben, in meiner Mitte, meinen Herzensgrund zu stärken? Und was tue ich hier? Genau das Gegenteil! Ich habe bereits einen Schreibkrampf vom vielen Kritzeln und bin innerlich bei allen anderen, bei allem möglichen, bloß nicht bei mir! In mir formiert sich ein großes: „Ich will nicht! Wozu habe ich mir das angetan? Was soll das überhaupt? Ergibt es überhaupt einen Sinn? Kann aus diesen unzusammenhängenden Halbsätzen, die ich da aufschreibe, irgendetwas halbwegs Brauchbares herauskommen?" Wut kommt auf! Oder passend zum Thema: Verdauungsbeschwerden. Es liegt mir im Magen, ist buchstäblich zum K....!

In meinem Bild sollte ich vielleicht die weiße Mitte stärken oder mit irgendetwas füllen. Aber wie? Womit? Schließlich stehe ich entschlossen auf und rühre energisch gelbe Farbe an, damit pinsele ich in trotziger Wut eine Kerzenflamme in die weiße Mitte. Genauso trotzig setze ich mit der roten Farbe eine dicke Säule darunter und mit schwarz einen kleinen Docht dazwischen. Ein kitschiges Kerzenbild! Der Wutpegel steigt noch weiter an, als ich die gelbe Farbe in die restlichen hellen Stellen schmiere. So! Hier stehe ich, dick und starr wie eine Säule, aber ich behüte mein Licht, meine Flamme. Nichts anderes ist meine Aufgabe! Nichts! Basta! Ihr könnt mich alle mal... Ich muss nichts anderes tun als bei mir zu bleiben und mein Licht zu beschützen!

Dann werden die Bilder angeschaut. Wir sollen nach Möglichkeit einen Titel finden, ein Motiv.

Christianes Bild:

J: „Das ist einfach: Kerze!"

B: „Nicht nur eine, da ist ganz viel Licht im Umkreis."

K: „Da zeichnen sich überall Wesenheiten ab."

B: „Dein Licht strahlt auch für die anderen, auch wenn dein Thema ist, „nur" dein Licht zu behüten."

Juttas Bild:

B: „Das Rot hat sich vor das Licht gestellt. Das hat so was wie: Ich mach' jetzt mal zu! Es strahlt noch etwas durch, aber da ist eine Hürde, wie eine Schmerzschicht vor dem Licht. Dahinter ist es schön durchglühend."

I: „Es geht doch um Ernährung. Das nährt sich gegenseitig, das Schwarz und das Rot und das Licht."

C: „Ich sehe eine starke Kraft darin..."

K: „...ein Geheimnis, das geht ganz tief rein. Da oben ist ein heller Fleck und dahinter ist das Geheimnis, so als ob der Prozess sich dahinter abspielt."

B: „Ein Schatz, der durch die Erde strahlt..."

K: „...das ist ja nicht immer fröhlich. Wie hast du heute morgen gesagt? Glück ist, wenn man das Pech aushalten kann!"

J: „Für mich war es wirklich Ernährung, Verdauen, zerstören. Als Motiv kommt mir Chaos entgegen."

C: „Kannst du das denn aushalten? Ist es kreatives Chaos?"

J: „Ich kann es supergut aushalten, bin gespannt, was daraus entsteht. Schmerz habe ich eigentlich nicht gefühlt."

Norberts Bild:

J: „Da ist farblich alles gut getrennt: blau, rot und braun."

I: „Das Ein- und Ausatmen wird gut umspült und eingebettet. Es ist alles noch da."

J: „Es erinnert an Zellen, Blut, Pulsieren, körperliche Prozesse."

K: „Oben schwimmt etwas und unten etwas anderes, was man einfügen und zusammenschieben könnte wie ein Puzzle. Es macht den Eindruck, dass alles voneinander getrennt ist, aber zusammengehört und auch zusammenkommen will."

B: „Es sieht aus wie Steine, die vom Wasser umspült werden."

C: „Es könnte auch eine Landkarte mit Seen und einem Berg sein, wie ein Satellitenbild nach einer Überflutung."

N: „Da steckt noch das Ein- und Ausatmen drin. Die Struktur ist noch vorhanden. Das, was jetzt neu entsteht, weiß ich ja auch noch nicht. Es ist eingebettet in die Ursubstanz, aus der sich neues Gewebe und ein neues Muster entwickelt."

B: „Links sehe ich einen Vogel mit Schnabel..."

N: „...der wird sich abtrennen und auch in das neue Muster eingehen. Der kreiert das Neue wie ein Tornado."

I: „Der Vogel verteilt auch Kraft nach oben."

B: „Das ist wie ein großer kreativer Wirbel, der Inseln ausspuckt."

N: „Das wird dann das Eigene, da findet Verdauung statt, es bildet sich neues Gewebe."

J: „Es kündigt sich schon etwas an in diesen größeren blauen Flecken..."

B: „...eine Innenwelt."

Katrins Bild:

N: „Das ist etwas Engelhaftes in einer Schale."

B: „Unten Kristalle..."

J: „...Massen, Ansammlungen von Völkern."

K: „Aber auch noch getrennt. Nahrung ist ja ein Stoffwechselprozess. Es kommt etwas aus der Erde, aber auch von oben, das dringt nicht immer durch. Diese Schale war anfangs viel dunkler, das änderte sich dann, wurde heller und weicher, da sind Helfer, die das unterstützen..."

J: „...als wäre das eine Transformationsschale."

K: „Es war wichtig für mich, es noch mal dunkler zu machen. Das war ein schöner Prozess."

Ingrids Bild:

J: „Atommodell!"

I: „Zellverbindungen, durch die das Leben pulsiert."

B: „Da entstehen vielfältige Räume, neue Dimensionen, man kommt von einer Zelle zur nächsten und hat immer neue Beziehungen. Ein Raum wird geschaffen, ein Raumschiff."

I: „Mir war es wichtig, dass das Ein- und Ausatmen, die Wärme und die Ernährung zugleich sichtbar und durchlässig sind."

B: „Deshalb hast du es so gelassen?"

I: „Ja, da sieht man noch Stellen, wo das Ein- und Ausatmen und die Wärme eingebunden sind, weil das ja alles Dinge sind, die ich zum Leben brauche. Es gibt auch

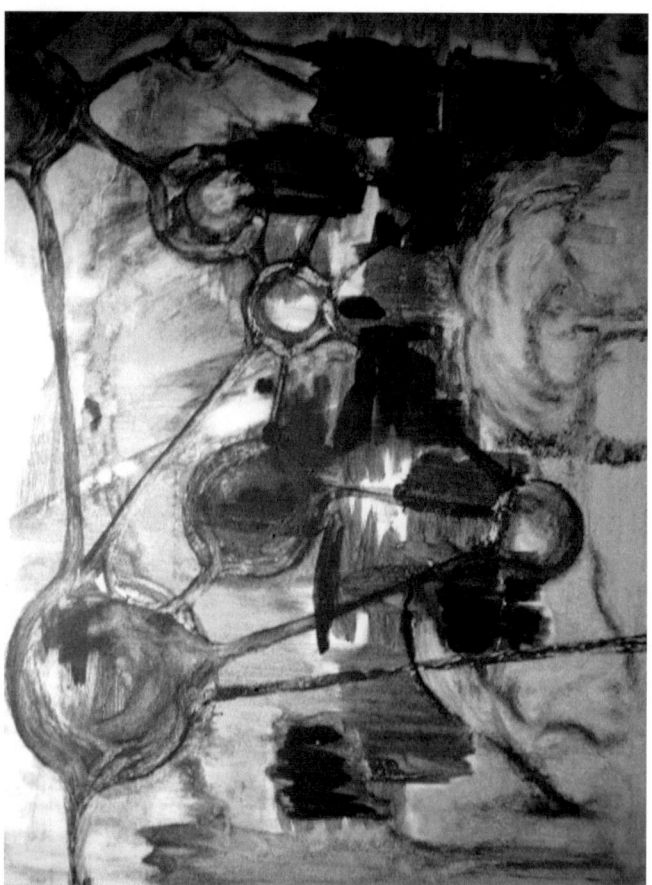

Verbindungen nach außen zur Welt, wo ich abgeben und bekommen kann. Es ist nicht irgendwo zu Ende."

J: „Es ist alles in neuer Beziehung zueinander."

I: „Es war mir wichtig, die Zellen mehrfach untereinander anzubinden, damit es rund ist."

Beates Bild:

J: „U-Boot! Schiff!" N: „Das war auch mein erster Gedanke. Irgendwo im Ozean."
I: „Es fährt grad durch den Darm!" C: „Ich finde, es fährt durchs Moor."
K: „Ja, im Sommer, wenn das Wollgras blüht, dann ist das ganze Moor weiß."
J: „Oben könnte auch ein Baum in einer Moorlandschaft sein, rechts das Dach einer Hütte, die sich im Wasser spiegelt." I: „Das ist mir zu gegenständlich. Ich möchte es gerne mal umdrehen." (Sie dreht es um)
J: „Fisch von Klee." I: „Licht und Rot und Dunkel, was sich gegenseitig ernährt, einander braucht und bedingt." K: „Durch das Rot wird das Weiße erst richtig hell."
I: „Es bekommt eine neue Kraft."
B: „Für mich war es mehr ein Spiel, aus dem Urgrund Raum zu schaffen, ihn zu gliedern, zu kratzen und dann die Farbe da rein zu setzen. Das war als ob ich etwas aus dem Moor herausziehe."
K: „...wie ein Gerippe aus dem Moor." I: „Das Dunkle war also wie eine Gegenkraft, die du benutzt hast, um ins Helle gehen zu können?" B: „Ja, das gab den Boden ab. Ich bin erst ins Dunkle gegangen, um davon ausgehend ins Helle gehen zu können."

I: (nachdem sie es noch einmal umgedreht hat) „Jetzt wird das U-Boot zum Traumschiff mit rotem Mund."

J: „Das wird ja eine schwere Entscheidung: U-Boot oder Traumschiff?!"

(Diese kleinen Momente von Heiterkeit erfrischen uns immer wieder, bei aller Ernsthaftigkeit brauchen wir nichts überernst zu nehmen...)

B: „Ich muss es ja noch nicht entscheiden..."

K: „Spannend, wie jedes Bild so anders ist..."

J: „...und auch von Mal zu Mal so anders."

B: „Morgen kommt dann der Übergang zu dem eigenen Motiv, zu einer neuen Klarheit. Das Bild kann einen Titel, einen Namen bekommen. Es geht um eine Entscheidung aus dem Ich. Dies kann als Sprung, der schmerzhaft sein kann, erlebt werden, weil man dann nicht mehr so viele Möglichkeiten offen hat, sondern sich für eine entscheiden muss."

Wir beschließen den Tag mit gemeinsamem Tönen. Obwohl ich so etwas schon oft erlebt habe, hat es für mich diesmal eine ganz neue Qualität. Ich höre mich eine Melodie singen, die mit den Tönen der anderen zu einem harmonischen Klang verschmilzt. Diese eigene Melodie in dem Ganzen ist neu, sonst waren es immer nur einzelne Töne ohne Zusammenhang.

Mein Verdauungsprozess setzt sich in der Nacht noch weiter fort. Immer noch liegen mir unverdaute Brocken im Magen, stoßen sauer auf und verweigern sich der mühelosen Integration. Ich verbringe eine ziemlich schlaflose Nacht. Das Unverdaute dreht im Kopf seine ruhelosen Kreise. Es ist ein Spiegel der Situation, die schon bei Beate für Irritation und Unmut gesorgt hatte und nun auch mich mit meinem Hiersein und meiner selbst gewählten Rolle hadern lässt. Auch dies ist ein alltäglicher Vorgang. Wie oft geschieht es im Leben, dass wir die unerwarteten Brocken erst einmal schlucken, nach außen hin zwar flexibel und wohlwollend reagieren, ohne es aber wirklich zum Eigenen machen zu können.

Es beschäftigt mich die Frage nach der inneren und äußeren Führung und der „Fügung". Überlasse ich mich wirklich meiner höheren Schicksals-Führung, kann es unter Umständen bedeuten, dass ich mich „fügen" muss, auch wenn es mir nicht passt oder meinen Ego-Vorstellungen zuwider läuft. Dann ist es das Schicksal, das mir diese schwer verdaulichen Brocken zuwirft, an denen ich mir die Zähne ausbeiße und meine Ego-Anteile zermahlen und zerstören kann.

Kann ich mich von meinen fixen Ideen befreien und darauf vertrauen, dass die eingetretene Situation für diesen Moment und diesen Ort genau die richtige ist, perfekter als alles, was ich mir jemals hätte ausdenken können? Wäre ich überhaupt gekommen, wenn ich gewusst hätte, was mich erwartet? Möglicherweise wäre eine rechtzeitige Absprache besser verdaulich gewesen, aber sie hätte auch dazu führen können, dass die Mahlzeit nicht in dieser Form zustande gekommen wäre. An solchen Stellen frage ich mich immer, ob das Schicksal nicht auch in seiner Weisheit dafür sorgt, dass wir nicht alles vorher wissen, denn wir würden vielleicht wertvolle Erfahrungen verhindern wollen, vor allem wenn sie uns unangenehm erscheinen.

Wenn ich mich füge und darauf vertraue, dass es etwas Größerem dient, wenn meine Ego-Pläne sich nicht verwirklichen lassen, werden neue Verdauungssäfte aktiviert und neue Kräfte entwickelt. Ist vielleicht meine spontane Idee des Dokumentierens genau das, was jetzt dran ist, wofür ich mich zur Verfügung stellen sollte, auch wenn ich im Moment nicht einmal verstehe, warum ich das eigentlich tue und was dabei herauskommen wird? Kann nicht erst dadurch etwas Neues geschehen, dass ich nicht am Gewohnten, Vertrauten und Planbaren festhalte? Ja, das ist Verdauung: Loslassen von starren Formen und Vorstellungen, Zerstören von Gewordenem und Vertrauen, dass aus dem Chaos das Neue entsteht.

Beim Frühstück äußere ich meine Not. Ich möchte einerseits gerne weiter protokollieren, da mir sonst die Arbeit des Vortages sinnlos erscheint. Aber auch das Weitermachen wird sinnlos, wenn das Ergebnis nur chaotische Fetzen sind, die keine deutliche Aussage haben. Ich bitte daher alle Beteiligten um Mithilfe, indem sie am Schluss das Ergebnis ihres Prozesses auch schriftlich festhalten. Mein Ansinnen löst panische Reaktionen aus. Einige fühlen sich überfordert oder unter Druck gesetzt. Nun lasse ich auch das Festhalten an der Vorstellung eines brauchbaren Ergebnisses los. Trotzdem schreibe ich weiter, etwas schreibt durch mich.

K: „Ich würde heute gerne in meinen Garten gehen, aus dem ich in letzter Zeit ausgezogen war."
B: „Das kann auch das Thema für heute sein. Es hat etwas mit Erdung zu tun. Für mich ist mir eben auch klar geworden, dass es um Erdung meiner Arbeit geht. Es ist eine große Hilfe für mich, dass du mitschreibst."
C: „Ich möchte auch gerne wissen, wie es euch damit ergeht, wenn die Kommentare zu den Bildern etwas ganz anderes wiedergeben, als das, was ihr beim Malen gefühlt und erlebt habt. Zum Beispiel hat Beate gestern an Juttas Bild Schmerz erlebt, aber sie selber sagte, dass sie gar keinen Schmerz empfunden hat, sondern nur Chaos."
B: „Ja, wenn ich daran Schmerz empfinde, dann kann es für mich trotzdem ein ganz wichtiges Erlebnis sein, das zum Prozess dazugehört. Es kann auch dem Maler neue Aspekte seines Bildes entschlüsseln, aber das muss es nicht zwangsläufig."
K: „Das Neue in der Gruppe ist auch, dass unsere Empfindungen und Erlebnisse so nebeneinander stehen bleiben und sich harmonisch ergänzen können."
B: „Ja, wenn wir für uns selbst etwas tun, profitieren alle davon. Die Rose die sich selber schmückt, ziert auch den Garten, heißt ein altes Sprichwort."

Absonderung und Erhaltung

Beate: „Der vierte Schritt der Sonderung ist die eigentliche Wandlung. Das Neue wird aufgebaut, das Unbrauchbare ausgeschieden. Ausscheidung hat mit Entscheidung zu tun, mit dem Gebären, dem „Ich-bin". Es geht darum, dieses „Ich-bin" zu manifestieren im eigenen Motiv, in einer Entscheidung, einer neuen Haltung. Ich entscheide, was ich will und was ich aus meinem Eigenen beitragen kann für das Ganze. Versucht einmal, ein Motto zu finden, einen „Ich-bin-Satz" wie ein Motiv. Motiv hängt mit Motivation zusammen, mit der Frage, was mich dazu antreibt, dass ich so oder so handeln möchte. Würdigt alles, was geworden ist!
Im fünften Schritt geht es um Erhaltung dieser neuen Lebenshaltung, um die Konditionen, die ich brauche, um mich zu entwickeln und zu sein. Jedes Organ muss immer wieder versorgt und belebt werden, das ist eine immerwährende Neugeburt. Die Motivation bleibt die gleiche, dafür müssen wir tagsüber arbeiten und das Ergebnis nachts integrieren. Wir regenerieren uns in der Nacht. Ich brauche meine Kräfte, um mein Umfeld, mein Wirkungsfeld so zu gestalten, dass ich meine innere Motivation behalten kann ohne zu verhärten oder zu verkümmern. Wie kann ich das, was ist, vertiefen und bewahren?

Wir begeben uns an die Arbeit. Für mich steht der Satz seit heute Nacht fest: „Ich bin die Hüterin meiner Flamme." Ich habe das Bedürfnis, diese Entscheidung mit den Händen zu bekräftigen, indem ich beide Hände mit der roten Farbe beschmiere und sie rechts und links von der Flamme kräftig auf die Leinwand drücke. Danach wasche ich die Farbe wieder ab und lasse den Pinsel weiter malen. Blau passt als Schutz von außen, weiß von innen. Beim Betrachten des Bildes gerate ich in einen Zwiespalt: einerseits stehe ich dazu, es passt genau zu meiner momentanen Haltung, andererseits finde ich es als Bild schrecklich kitschig, ich hatte wirklich nicht geplant, so etwas Gegenständliches zu malen...

Juttas Bild:

B: „Es erinnert mich an die Kinder in Heede, die eine Marien-Erscheinung hatten. Die staunen, sind im Kontakt mit etwas Größerem, wie gebannt, andächtig, stark, lauschend, was ihnen gesagt wird."

I: „Auf alle Fälle sind die Figuren beieinander, miteinander. Über dieses Miteinander haben wir doch soviel gesprochen."

B: „Sie sind dem Licht zugewandt, dahinter ist Dunkelheit."

K: „Nicht nur, da ist ja auch Licht."

N: „Die Figuren weisen auf das Licht hin, sind vom Licht beschienen, erhellt von dem liebevollen rosa Licht."

B: „Links von dem Rosa ist noch eine Gestalt..."

N: „....ein Wegweiser Wesen."

J: „Ja, ihr habt alles gut erkannt. Die beiden Figuren rechts und links repräsentieren das Männliche und Weibliche. Dann kamen die anderen Figuren dazu, die stehen für das Neue. Eine Gewissheit ist da, wo es hingeht. Das Dunkle unten habe ich als Moorboden erlebt, sehr erdig, gut verankert."

I: „Es braucht auch Verankerung, sonst wäre alles in Auflösung begriffen." B: „Es ist eine Dunkelheit, die etwas aufnimmt." I: „Dieses warme Braun ist ja die Gartenerde von hier. Wenn das ein Schwarz aus der Tube wäre, wäre das Bild kalt. Es ist toll, dass wir diese Erde haben!" K: „Dass man damit malen kann, ist faszinierend!"

I: „Das erzeugt ein tiefes Gefühl von Dankbarkeit. Ich bin ganz erfüllt davon."

C: „In dem Bild erlebe ich auch etwas von der Sprengkraft, von der Jutta gestern Abend gesprochen hat."

Christianes Bild:

B: „Das Kerzlein hat sich vertieft, erwärmt, erstrahlt die Umgebung. Außen herum sind Zwerge, die da gucken, das kleine Volk."

I: „Jetzt ist die Kerze viel integrierter als gestern, in Verbindung mit der Umgebung, in Liebe aufgelöst."

K: „Die Kerze strahlt nicht nur Licht aus, es kommt auch Licht zu ihr hin, es ist ein Geben und Nehmen."

I: „Kleine Rumpelstilzchen tanzen herum..."

K: „Ich würde sagen: über das Rumpelstilzchen hinausgewachsen!"

C: „Das wäre ein Super-Fortschritt! In meiner Studienzeit habe ich mal bei einer Aufführung das Rumpelstilzchen gespielt. Das könnt ihr euch sicher lebhaft vorstellen, wie gut das zu mir gepasst hat..."

B: „Ein Lichterfest!" J: „Warm!"

K: „Zwischen Flamme und Kerze öffnet sich ein Raum, da kann alles passieren..."

Susannes Bild (ein neues Bild, nachdem sie gestern Nachmittag nicht da sein konnte):

J: „ich finde, das was du gestern gemalt hast, hat sich in diesem Bild umgedreht. Die Farben und viele Elemente finden sich wieder, aber es ist eine andere Komposition."

I: „Was mir ein bisschen dabei verloren gegangen ist, ist das Prozesshafte."

N: „Ich kenne diese Prozesse zu wenig, bin ja ein unbeschriebenes Blatt. Das müsste ich mir alles mal aufschreiben."

K: „Für mich hat es etwas Abwartendes."

J: „Das neue Bild hat mehr Tiefe bekommen, Spannung, Verheißung. Etwas wird noch passieren, aber was?"

I: „Das vorige Bild wirkt auf mich aktiver, wie ein brodelnder Vulkan. Das andere ist wie Jahre später, da hat sich etwas beruhigt, gesetzt."

S: „Das ist ja interessant, was ihr da so alles herausgefunden habt! Da muss ich aber noch viel dran arbeiten! Ich wollte eigentlich einen ruhigen Felsen im Wasser malen und einen Mond, der vom Wasser gespiegelt und von einem Vogel getragen wird."

C: „Mir kommt das Märchen von der Kristallkugel in den Sinn, die ins Wasser fällt und aus der sich dann der Feuervogel erhebt..."

J: „...wie Phoenix aus der Asche!"

Katrins Bild:

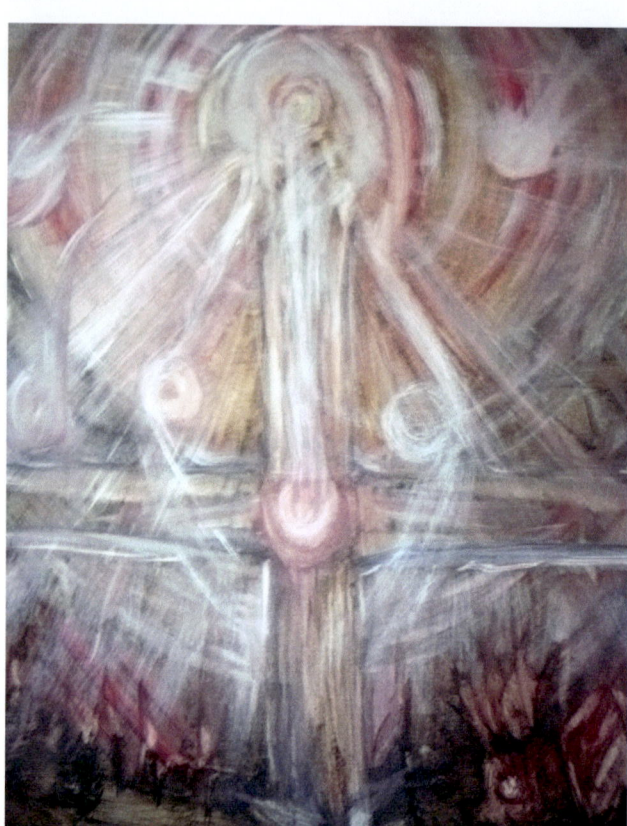

I: „Das Kreuz steht auf dem Kopf, der längere Balken geht nach oben, aber in einer Figur, die etwas Segnendes hat. Das Kreuz, das fürs Leiden steht, endet in dieser Figur. Das finde ich total entspannend. Die stellt das Leiden auf den Kopf und hat dadurch viel heilende Kraft."

J: „Aus dem Überwinden des Leidens zieht sie die Kraft heraus." B: „Anfangs war unten eine Kugel, jetzt ist oben eine, das hat sich umgedreht und das Kreuz schafft die Mitte zwischen allen Himmelrichtungen."

N: „Ich sehe im unteren Bereich eine starke kämpferische Auseinandersetzung auf einer Klippe. Das Kreuz versenkt sich in die Erde hinein."

S: „Soldaten sehe ich da -, einen kriegerischen Häuptling, ein Pferd mit Wagen..."

N: „Da finden keine direkten Kämpfe mehr statt, aber trotzdem ist die kriegerische Energie noch da."

K: „Das Kreuz mit dem Kreuz! Ich hatte, als ich im Bett lag, zwei Kreuze erlebt: einmal die Körpergestalt mit ausgebreiteten Armen und eines darüber im Stirnbereich. Ich hatte den Impuls, das Kreuz zu malen, dann hat sich das so entwickelt. Da unten ist der Garten, der dauernd ruft, wieder in mein Tun, in meinen Segen hineinzukommen, auch die Erde allgemein in ihrem Wandlungsprozess. Das Kreuz war mir wichtig, dadurch bin ich angeschlossen an einen größeren Prozess, universell. Mein Satz wäre: Ich bin universell! Ein anderer Teil in mir fragt gleich, ob das nicht ein bisschen hochgegriffen ist."

I: „Eigentlich bedeutet das doch nur, dass du mit allem verbunden bist. Du hast ja nicht gesagt, dass du genial bist." K: „Das bin ich aber!"

B: „Der Garten scheint ein wichtiges Motiv zu sein, die Arbeit mit der Erde."

Beates Bild:

C: „Schön! Traumschiff! Segelregatta..."

J: „Ostfriesland, am Deich."

I: „Präsenz, Leichtigkeit, spielerische Fröhlichkeit..."

J: „...und Weite...und Abwarten. Links sehe ich Figuren, die das Ganze betrachten und bestaunen."

I: „Es ist auch wie ein Gefäß, ein Topf, aus dem tolle Sachen rauskommen, wie eine Keramikschale mit wulstigem Rand."

K: „Es ist ein bisschen wie hier im Moor von den Farben her, helle Birken, rote Abendsonne, hinten rechts ein Liegestuhl, da will ich mich gleich reinsetzen. Beruhigend."

B: „Für mich war es ein Auftauchen aus der Dunkelheit, das U-Boot taucht auf wie etwas Unterbewusstes, das Obere ist das Bewusste. Mein Satz lautet: Ich tauche auf."

Norberts Bild:

C: „Die Kristallkugel aus der Vogelperspektive."

B: „Es hat etwas Sanftes bekommen, Weichheit, das Blau ist zu einem Kristall geworden. Es hatte von Anfang an etwas von Draufsicht."

J: „Ein Vogel im Vogel." S: „Der guckt mit dem blauen Auge auf die Sonne."

J: „Der untere Vogel ist gut aufgehoben in dem großen Vogel." K: „Der Vogel ist in der Idee Vogel aufgehoben." AM (nachdem sie das Bild umgedreht hat): „Jetzt schießt der Vogel vorbei an der dunklen Sonne zur hellen Sonne hin, mit voller Kraft fliegend. Unten ist er erleuchtet."

I: „Das Helle strömt nach rechts ins Universum aus." K: „Oder der Vogel bringt die Erinnerung ans Universum mit."

J: „Ich finde, dass dieses blaue Auge nicht auf den hellen Punkt fixiert ist, sondern nach außen zum Betrachter schaut."

N: „Es war schwierig zu malen, weil ich mich wieder von allem getrennt habe, was vorher da war. Übrig geblieben ist dieses Zentrum, wohin alles zurück strebt. Ein- und Ausatmen." N (dreht es noch einmal herum): „Jetzt strebt alles nach oben zu den Sternen. Das kann man fast von allen Seiten betrachten."

Ingrids Bild:

J: „Zentralsonne!" B: „Diese Sonne fasst alles in einer neuen Art zusammen, dynamisch, wie ein Wirbel. Es ist wieder eine andere Substanz, eine andere Sprache als vorher. Die Konstruktion der vorigen Elemente bleibt sichtbar, aber sie kommen zu einer neuen Bedeutung. Du hast bei jedem Schritt das Vorige bewahrt und respektiert." I: „Es war mir wichtig, das sein zu lassen, was schon ist und es nicht zu übermalen."

AK: „Es ist ein Netz von Molekülzusammenhängen. Dahinter die Materie, fest, aber auch durchsichtig, dann diese warme Licht..." J: „Das wirkt noch ein bisschen verhüllt, aber der weiße Punkt lässt ahnen, dass sich dahinter noch ganz viel auftut." B: „Eine vielschichtige Geschichte, in der die alten Gebäude noch sichtbar sind und noch gebraucht werden, aber schon überlagert sind von Neuem. Du hast ja von deinen verschiedenen Berufungen im Leben erzählt, die du auf den unterschiedlichsten Schichten bewältigst. Das sehe ich auch in dem Bild." I: „Für mich ist alles, was ich auf dieser Leinwand dargestellt habe, alles das, was ich zum Leben brauche. Ich habe Respekt davor, dass ich ein- und ausatmen darf, dass ich Wärme habe und verdauen kann. Wenn ich das alles nicht hätte, gäbe es mich nicht. Der nächste Schritt ist, für mich selber die Verantwortung zu übernehmen. Ich kann nicht all diese Gaben bekommen und dann nichts damit anfangen. Ich muss mein eigenes Samenkorn hegen und pflegen. Mein Satz lautet. Ich bin mein Samenkorn."

Nach der Mittagspause beginnen wir mit einer gemeinsamen Meditation, mit Tönen und Bewegen. Wir fokussieren unsere Wünsche, unser neues Motiv, das eigene und das gemeinsame. Was brauchen wir noch, um den Prozess gut zu vollenden, zu vervollkommnen? Ich wünsche mir den Beistand geistiger Helfer, nicht nur für meinen eigenen Prozess, sondern vor allem für die übergeordnete Aufgabe, aus dem, was wir gemeinsam erlebt haben, einen kostbaren Schatz mit wirkungsvoller Strahlkraft zu formen.

Wachsen, Reifen und Hervorbringen

Beate: „Im fünften Schritt geht es um die Erhaltung der Motivation. Wenn ich mich verändere, verändert sich auch die Umgebung. Es können Widerstände von außen kommen, die vielleicht meine Impulse umlenken oder neu gestalten. Im Bild geht es darum, Peripherie und Zentrum in Einklang zu bringen.

Im sechsten Schritt folgt dann Wachstum und Reifung. Das hat auch mit Selbstausdruck zu tun. Jeder hat eine gewisse Größe, die er einnehmen kann, eine Aufgabenstellung, die ergriffen werden will. Reifung kann auch bedeuten: spielerisch, freier und leichter werden, technisch ausgereifter. Das Thema kann sich wandeln und sich in verschiedenen Facetten ausgestalten. Dann ist es irgendwann fertig. Dann bin ich gereift, Meister geworden, ein Thema hat sich ausgelebt.

Der siebte Schritt ist die Hervorbringung. Ich kann mit den erworbenen Fähigkeiten auf etwas Neues zugehen. Was braucht das Bild noch, um es für diesen Moment abzuschließen? Diese letzten drei Schritte gehen ineinander über, sind nicht unbedingt so klar zu trennen. Wenn wir mehr Zeit hätten, könnten wir noch mehrere Aspekte hinzunehmen."

Nun beginnt wieder ein emsiges Schaffen. Susanne musste sich leider wieder verabschieden, ihre Kraft ist erschöpft, aber es hat ihr sehr gut getan. Nun, wir sind wohl alle ein bisschen erschöpft, aber auch erfüllt, es ist ungeheuer intensiv und fruchtbar...

Ich löse in meinem Bild die starken Kontraste und starren Strukturen der Kerze wieder auf, soweit es geht. Zentrum und Peripherie verschmelzen immer mehr miteinander. Um die kleine Flamme herum entsteht eine zart angedeutete größere Flammenform, wie eine Hülle, ein Zuhause für die kleine Flamme. Ich möchte nicht nur die Hüterin meiner Flamme sein, sondern auch mit meinem Licht den anderen dienen, dabei sehr achtsam die Grenze zwischen Zentrum und Peripherie wahrnehmen lernen. Das Eigene bewahren und trotzdem flexibel und im Fluss zu sein. Nun die letzte Bildbetrachtung:

Katrins Bild:

B: „Ein Brustkreuz! Eine Brust in der Mitte des Kreuzes, das finde ich genial! Der Muttergrund hat sich gegründet, geklärt..."

K: „Es war ein heftiger Prozess, ist mir nicht leicht gefallen. Ich brauchte Mut, das hier hinzustellen, was ich fabriziert habe. Ich habe es einfach geschehen lassen. Jetzt bin ich froh, dass ich den Mut hatte."

J: „Ich möchte dich gerne fragen, was sich für dich offenbart in diesem Bild."

K: „Einmal die Verbindung zur Erde und nach oben und dass es von der Mitte ausgeht. Das Besondere ist auch, dass es unten auch hell ist, nicht nur dunkel, so wie das Moor ja auch nicht nur dunkel ist."

J: „Durch diese geniale Verbindung kann Frieden entstehen."

K: „Für mich war der Weg durch diese Lebensprozesse sehr interessant, das hat mich sehr angerührt."

I: „Mich hat es auch sehr angerührt, das ist genau das richtige Wort."

Juttas Bild:

J: „Man kann da eigentlich in drei Richtungen laufen. Die Offenbarung daran ist: man weiß es zwar noch nicht genau, man muss noch ein bisschen suchen, aber es geht darum, sich auf den Weg zu machen und sich führen zu lassen. Es geht immer weiter. Das ist für mich die Quintessenz aus diesem Wochenende."

B: „Die Figuren aus dem Bild sind weit hochgestiegen, die schauen wo es weiter geht. Neue Perspektiven tun sich auf. Zwei stehen noch abwartend, die dritte macht schon einen Schritt."

J: „Im Vergleich zum letzten Mal ist das Licht schon viel weiter runter gekommen, die Gestalten stehen schon im Licht. Es geht um: Sein sein."

Ingrids Bild:

I: „Mein Samenkorn hat einen Schutzraum bekommen für das Kostbarste, was ihm zur Verfügung steht, da ist alles drin: Das Dunkle von der Einatmung, das Helle der Einatmung und diese Blasen mit der Nahrung, mit dieser Kette, die in alle Richtungen Verbindungen schafft. Das war mir wichtig, es einerseits zu schützen, andererseits nicht zu sehr abzuriegeln, damit es auch mit der Nahrung von außen in Verbindung steht. Es ist einfach so da. Nun ist es fertig. Das könnte ich mir zu Hause immer wieder anschauen, wenn mir alles zuviel ist."

B: „Es fasziniert mich, wie eigen es in der Malerei ist, in seiner Ungewöhnlichkeit. Das gefällt mir."

I: „Das hätte ich vor ein paar Jahren noch nicht durchhalten können, zu sehen, dass alle anderen Farben nehmen und ich selber bei dem Braun geblieben bin. Damals hätte ich gedacht: Das ist ja scheiße, bei mir leuchtet es gar nicht! Aber jetzt war mir deutlich, dass es für dieses Bild genau diese Farben braucht."

K: „Mir ist es ähnlich ergangen. Das kann ich total gut verstehen."

B: „Man hat diesen Prozess eigentlich immer, auch im Alltag. Wenn man darauf achtet, kann man bemerken, wie diese Lebensprozesse sich überall durchziehen, beim Kochen, überhaupt bei allen Tätigkeiten, aber auch im Seelischen."

I: „Woher hast du das?"

B: „Die sieben Lebensprozesse sind in dieser Art von Rudolf Steiner beschrieben worden. Eine Kunstthera-peutin, Marianne Altmaier hat darüber ein Buch geschrieben und ich habe dann in Brasilien daran weiter geforscht und es weiter ausgearbeitet."

I: „Es ist eine tolle Art, auch für sich selber so zu arbeiten."

B: „Ich finde es bereichernd mit der Erde. Der Turmalin hat alle diese Themen durchzogen."

K: „Ich diesen beiden Tagen hat sich hier ständig die Energie verändert. Es ist vieles ins Bewusstsein gekommen."

J: „Es ist gleichzeitig leichter und schwerer, gewichtiger geworden. Das Beste finde ich, es hinzukriegen, wenn die Dinge nicht so sind wie erwartet, dass man es dann nicht verdrängt oder drin hängen bleibt, sondern dazu steht und es positiv aufgreifen kann."

Beates Bild:

B: „Meins ist Urlaub in Rhauderfehn! Es war für mich eine Offenbarung, mit dem Moor zu arbeiten, Kontakt mit diesem Dunklen aufzunehmen." K: „Da hinten sehe ich auch Kristalle, ganz fein."

J: „Es ist mehr als Urlaub in Rhauderfehn. Zwischen diesen weißen Segeln setzt sich der Horizont anders fort, wie ein Tor in eine andere Welt." K: „Hier in der Gegend gibt es viele Menschen, die hellsichtig sind, die Naturwesen wahrnehmen und auch Heilkräfte haben."

B: „Das gehört mit zu dieser Geschichte dazu, dass solche Menschen hier wohnen."

Christianes Bild:

B: „Jetzt kommt das Licht von der Kerze, die sich selber dem Licht hingegeben hat."
I: „Wie ein leuchtendes Herz!"
J: „Aus der Kerzenflamme wurde eine große Flamme."
K: „Ein großes Strahlen! Das finde ich spannend, wie sich die Form aufgelöst hat..."
N: „...aber gerade noch sichtbar ist."
J: „Vielleicht nur, weil wir es wissen?"
C: „Es reicht mir zu wissen, wo die Hände waren. Ich sehe sie noch immer."
K: „Das bedeutet auch, dass du es handhaben, dass du handeln kannst."

Norberts Bild:

N: „Es hat die Richtung geändert. Jetzt zielt der Vogel nach unten."

K: „Das Helle trägt den Vogel."

I: „Von unserer Seite aus betrachtet sieht es wie zwei unterschiedliche Augen aus."

B: „Das eine Auge ist wie ein Weg, der nach innen führt, das andere führt nach außen."

J: „Das obere ist bläulicher, kühler, das untere hat viel Wärme."

I: „Es sieht aus wie zwei Strömungen im Atlantik, die sich miteinander vermischen."

N: „Die Offenbarung für mich war, dass ich ganz gut folgen konnte, solange es unkonkret war. Sobald es konkret werden sollte, löste sich alles wieder auf. Es gelingt mir noch nicht, das in Worte zu fassen. Es hat mit dem Phönix aus der Asche zu tun. Der Feuervogel wird in den Strudel gesogen und oben entsteht das Neue."

B.: „Es hat unglaublich schöne Farben! Du hast ganz neu Farben hervorgebracht."

J: „So! Es ist vollbracht!"

Das ist das Starsignal für eine nun einsetzende überwältigende Dankesorgie, von der ich nur einen Auszug wiedergeben kann: „Danke! Danke! Danke! Danke!Danke! Danke!Danke! Danke!Danke! Danke!Danke! Danke!Danke! Danke!Danke! Danke! Danke! Danke! ..."